FRANZÖSISCH SCHIMPFEN

Klaus Humann

FRANZÖSISCH SCHIMPFEN

Beleidigungen, Flüche, Sauereien

**Mit landesüblichen Unflätigkeiten
von Florence Wolpers**

Eichborn Verlag

© Vito von Eichborn GmbH & Co. Verlag KG, Frankfurt am Main.
Umschlaggestaltung: Dö VanVolxem, unter Verwendung einer
Zeichnung von Matthias Siebert.
Gesamtproduktion: Fuldaer Verlagsanstalt GmbH.

ISBN 3-8218-1969-3.

Verlagsverzeichnis schickt gern:
Eichborn Verlag, Kaiserstraße 66, D-60329 Frankfurt am Main.

Inhalt

Vorbemerkung

Unser Urlaub ist auch nicht mehr das, was er (vielleicht?) einmal war. Statt dem Gast die schönsten Wochen des Jahres zu schenken, versucht die eingeborene Bevölkerung diesseits und jenseits des Äquators ständig, den Fremden (Frauen eingeschlossen) nach Strich und Faden auszunehmen. Und das Gemeine dabei ist: Wir können uns nicht wehren. Obwohl wir sonst nicht aufs Maul gefallen sind, wenn es darum geht, zu Hause den Autoritäten und denen, die sich dafür halten, Paroli zu bieten, stottern wir nur rum, suchen nach Worten und sind – jede(r) kennt das – ohne jede Chance, unserem Gegenüber über den Mund zu fahren.

Damit ist es fortan vorbei. Es gibt »FRANZÖSISCH SCHIMPFEN«. Auch im Urlaub kämpfen können, nicht länger wehrlos sein müssen, sich nicht länger Mackern und Matronen ausliefern müssen, endlich gegenhalten können, Druck machen oder bloß Dampf ablassen – das ist unser Ziel. Denn wenn schon die Erholung im Eimer ist, wollen wir uns doch wenigstens an den schönsten Streit dieser kostbaren Wochen erinnern können. Bravo, wollen wir wieder sagen können, tapfer, alter Junge, altes Mädchen, denen hast du es aber gegeben. Ändern wirst du sie zwar nicht, aber sie dich wenigstens auch nicht. Nicht dieses Mal.

»FRANZÖSISCH SCHIMPFEN« führt Euch in 17 typische wie traumatische Urlaubssituationen ein und gibt Euch Sätze an die Hand, mit denen Ihr zurückschlagen könnt: gnadenlos und unerbittlich. Da, wo auf Grund Eurer Frechheiten Gefahr drohen könnte, haben wir einen Totenkopf (☠) danebengesetzt. Dennoch müßt Ihr auch bei den anderen Schimpfkanonaden damit rechnen, nicht gerade liebevoll behandelt zu werden. Und am Ende des Buches haben wir die Standardausdrücke der Unflätigkeit zusammengestellt: »Basisschimpfen von A(asgeier) bis Z(imtzicke)«.

Damit könnt Ihr Euch in Notwehrsituationen und solchen, die darauf hinauslaufen könnten, mit geringen Sprachkenntnissen phantasievoll zur Wehr setzen. Ihr werdet sehen: Die Achtung vor dem Gast wird steigen, und Euer Gefühl permanenter Unterlegenheit wird dahinschmelzen wie die Eiswürfel in Eurem zu warmen

Gin Tonic. Wie Ihr Euch dagegen wehrt, könnt Ihr im Kapitel »Die Nacht zum Tag machen. In der Disco« nachschlagen.

Klaus Humann

PS: Wem am vorletzten Tag nach Versöhnung zumute ist und wer wenigstens dann Frieden mit der Welt schließen will, für den/die gibt es »LIEBESSCHWÜRE FRANZÖSISCH«. Gleiche Ausstattung, gleicher Preis, dreifacher Wiedergutmachungswert.

Kleiner, aber gut gemeinter Ratgeber!

Stammen viele deutsche Flüche aus der Analphase (Arsch, Arschloch), so stammen die entsprechenden französischen Flüche eher aus der Genitalphase (con, couillon, couilles, foutre, foutu). Franzosen fluchen offenbar erst etwas später als Deutsche, dafür dann aber um so leidenschaftlicher. Gemeinsam ist Franzosen und Deutschen jedenfalls, daß sie unter der Gürtellinie fluchen.

Paß auf, wenn Dein Französisch nicht belastungsfähig ist. Franzosen sind nicht nur Meister im Schimpfen, sie können mindestens ebensogut zurückschimpfen, und sie tun's! Und dann stehst Du vielleicht etwas blaß in der Landschaft herum.

Merke: Das letzte, was man im Französischen üblicherweise beherrscht, sind Schimpfworte (und die Zahlen, aber das ist ein anderes Kapitel). Überleg Dir also nicht nur den ersten Fluch, sondern möglichst auch den nächsten! Ob freundlich oder unfreundlich, **duze niemals einen Beamten, einen Bankangestellten oder einen Arzt, auf keinen Fall einen Polizisten.** Im Zweifelsfalle bediene man sich der französischen Methode des indirekten Fluchens:

Falsch: Mais **vous** êtes complètement con!

Richtig: Mais **il** est complètement con, ce mec!   oder
            C'est pas possible d'être con à ce point!!

Übrigens: Wenn man «con» verwendet, ist das allein schon ein echter Zug ins Authentische, mit «con» kann man kaltlächelnd 90 Prozent aller Flüche bestreiten. Aber das reicht natürlich für den Fortgeschrittenen noch nicht aus. Wir empfehlen folgende Varianten je nach Breitengrad:

Con!

Petit con!

Espèce de con!

Vise-moi donc ce con!

Non mais, regarde ce con!

Non mais, tu as vu cette espèce de con?

Oh, dis, eh, petit, tu n'as pas bientôt fini de faire le con!?

Fils de connard, frère de conne, père de connasse, faut-il que tu sois con toi-même!...[1]

(Je weiter südlich in Frankreich, desto weiter unten aus der Aufstellung zitieren!)

Auf jeden Fall: Bei – oft genug berechtigten – Flüchen achte auf Deine Gestik. Der übelste Fluch geht vielleicht noch durch, wenn Gestik und Mimik stimmen!

Allerdings: Ein bras d'honneur[2] kann zu ernsthaften Problemen führen, er ist an sich schon beleidigend. Dafür hat er den immensen Vorteil, daß er ohne Worte auskommt und daher auch über größere Entfernungen oder bei Sprachlosigkeit verwendet werden kann. Die Autoren haften allerdings nicht für die Folgen.

Zum Gebrauch der Flüche und Verwünschungen:

Alle, wie sie da sind, sind nicht gedacht für totale Neulinge im Fach Französisch.

Wenn Dein Französisch halbwegs steht und Du auch eine passende Antwort auf die Reaktion parat hast, dann dürften alle Beschimpfungen ohne Kennzeichnung meist ankommen. Aber auch dann Vorsicht! Die Reaktion könnte heftig sein, mach Dich auf ein Wortgefecht gefaßt! Ansonsten heißt...

---

1 zit. nach: Robert Edouard, Nouveau Dictionnaire des Injures, Sand & Tchou 1983, zur Perfektionierung dringend empfohlen!

2 Bras d'honneur: Man balle die rechte Faust, winkle den rechten Arm an und schlage mit der linken Hand auf den rechten Bizeps, Nähe Ellenbogen. Gleichzeitig winkle man den rechten Unterarm aufwärts in Richtung rechte Schulter. Dazu blicke man finster. (Linkshänder umdenken, geht nur wie beschrieben!)
Bedeutung: Leck mich am Arsch, verpiß dich, du gehst zurück in die Sandkiste, du gehst mir auf den Senkel, fick dich ins Knie etc. etc.
Achtung: Diese Geste kann teuer werden!

♟ Vermutlich fliegst Du dreikantig raus, aber immerhin hast Du Deine wohlbegründete Meinung mitgeteilt.

In der Rubrik »Bank« stehst Du garantiert ohne Bares vor der Tür, in der Rubrik »Polizei« ist für Dich zu hoffen, daß Du auf einen altgedienten und an Meckerer gewöhnten »flic« geraten bist.

♟ ♟ Bevor Du diese Sprüche abläßt, sortiere Deine Knochen für eine spätere Inventur. Wenn Du nicht schon ohnehin total in der Scheiße sitzt, verzichte dankend, immerhin bist Du im Urlaub!

Wie schon angedeutet, geht so mancher Spruch noch durch, wenn mit der entsprechenden Mimik und Gestik begleitet. Leider kann ich Dir hier die notwendigen Elemente der französischen Körpersprache nicht auf einer halben Seite verklickern. Informier Dich.

Florence Wolpers

Gelandet.
Am Flughafen

Du hast es geahnt: Wieder einer der Urlaube, die schon am Tag des Abflugs falsch laufen. Erst hat die Maschine reichlich Verspätung, und als ihr müde und ausgelaugt ankommt, ist das Gepäck irgendwo, nur nicht dort, wo ihr es haben wollt. Und die wackeren Männer vom Zoll lassen sich diesmal beim Filzen besonders viel Zeit.

Heller Wahnsinn, das!	Non mais, c'est complètement dingue!
Schmeißen Sie den Wisch schon rüber!	☠ Vous me le filez enfin, ce papelard?!
Wann kriegt ihr denn mal endlich eure Ärsche hoch?	☠ ☠ Alors, tu te le bouges, ton gros cul?
Sitzt du auf deinen Ohren, oder willst du mich nicht verstehen?	☠ T'es bouché, ou quoi? T'as les portugaises ensablées, ou quoi?

Da kannst du suchen,
bis du schwarz wirst!

Tu peux toujours
chercher!
Une chatte n'y
retrouverait pas ses
petits!

Bei euch ist heute wohl
die Kacke am
Dampfen?!

On dirait que ça va
chier sérieux!
On dirait que ça va barder
(chauffer)!

11

Blick ohne Meer.
Im Hotel

Müde seid ihr, wollt nur noch schlafen. Zuerst hört es sich noch wie ein Witz an, als der Mann an der Rezeption nichts von eurer Buchung weiß. Kann ja schließlich jedem mal passieren. Doch dann läßt er sich erweichen. Nur daß das Zimmer wenig mit dem zu tun hat, was euch der Veranstalter in seinem Prospekt erzählt hat.

Ihre Leute gehören wohl auch zur Null-Bock-Fraktion?

Votre personnel – c'est une bande de bras-cassés / ... une bande de tire-au-flanc!

Das darf doch wohl nicht Ihr Ernst sein!

De qui se moque-t-on ici?

Diese Miefbude hier nennen Sie im Ernst Zimmer?!

Vous osez appeler ça une chambre, ce taudis?

Unsere Matratzen sind total versifft!

Nos matelas sont d'un crad'!
☠ ... sont vraiment dégueulasses!

vollkommen vergammelte Bruchbude

complètement pourrie, cette taule / cette baraque

»Antike Einrichtung« ist ja wohl noch geschmeichelt!

«Les meubles d'époque» ... il aurait encore fallu dire laquelle!

Mit Eis, bitte!
An der Bar

Ist schon das Zimmer nicht das Gelbe vom Ei, so soll euch die hauseigene Bar wenigstens verwöhnen. Nach der Devise: Drinks vom Feinsten und eine Musik, zurückhaltend und zugleich anmachend. Aber ihr habt euch zu früh gefreut.

Euer Laden hier ist aber ein voller Schuß in den Ofen!

Il est nul (minable), votre bistro.
Ça craint un max, votre rade!

Ist die Stimmung immer so abgeschlafft?

☠ On s'emmerde toujours autant chez vous?
Ça chauffe toujours autant chez vous? (ironisch)

Ach, rutscht mir doch alle den Buckel runter!

☠ Allez tous vous faire foutre à la fin!

14

Stellt doch bloß mal die Katzenmusik etwas leiser!

Non mais, quelle soupe, cette musique – on pourrait pas baisser un peu?

Mein Bier schmeckt echt nach eingeschlafenen Füßen!

Cette bière, c'est de la bibine!

Wissen, wo es langgeht.
Im Fremdenverkehrsamt

Ob du es willst oder nicht – irgendwann am Anfang des Urlaubs landest du bei den unvermeidlichen Fremdenführern und läßt dir Stadtpläne und Prospekte der Sehenswürdigkeiten in die Hand drücken: rührende Bilder, sperrige Texte, unzuverlässige Wegbeschreibungen und falsche Öffnungszeiten.

Bin ich hier am Arsch der Welt, oder was?	Dans quel trou je suis tombé, c'est pas vrai!!
Ihre sogenannte »Promenade« soll wohl ein Witz sein, wie?	Votre prétendu «circuit pédestre», c'est une blague, ou quoi?!
Wo finde ich in diesem Drecksnest bloß ein gutes Restaurant?	Où est-ce que je vais bien trouver un bon resto dans ce bled pourri?
Sie sind wohl alle völlig von der Rolle?!	Mais vous êtes tous à côté de vos pompes!

Kann man sich hier gegen Nepp versichern lassen?

Y'a pas moyen de se faire assurer contre l'arnaque dans ce pays?

Ich verstehe leider nur Bahnhof!

Je pige que dalle!

Lassen Sie bloß mal Ihr Rumgesülze!

Arrêtez enfin votre baratin! / ... vos salades!

Wolkenlos und Wolkenbruch.
Das Wetter

Überall auf der Welt das Thema Nummer 1 ist – nein, das nicht – das liebe Wetter. Entweder ist es zu heiß oder zu kalt oder zu windig oder zu stickig oder einfach zu – normal. Eben nie, wie man es gerne hätte.

Ich glaub, ich krieg 'nen Föhn!

C'est à devenir chèvre (dingue)!

Affenhitze

on crève de chaud

Das ist ja bald nicht mehr zum Aushalten!

Ce n'est plus tenable!

Wenn das noch lange so weitergeht, flippe ich aus!

Si ça continue, je flippe / ...je craque!

Scheißwetter

temps de cochon

Heute regnet es mal wieder Bindfäden!

Aujourd'hui, il pleut comme vache qui pisse! Aujourd'hui, il tombe des cordes!

19

Die heimische Küche.
Im Restaurant

Essen gehen in der Fremde ist wie eine Bergwanderung mit verbundenen Augen – eines der letzten Abenteuer. Aber darauf ist der erfahrene Tourist eingerichtet. Doch wie leicht schlägt Gastfreundschaft – zumal in der Hochsaison – um in Bauernfängerei. Und da geht das Abenteuer erst richtig los.

Sie wollen uns wohl verarschen, guter Mann?!

☠ Mon bon monsieur, vous nous prenez pour des cons?!

Sollen wir diese salzige Pampe essen?

☠ Ça se mange, cette bouillie infâme?

Das Fleisch ist zäh wie 'ne Schuhsohle!

☠ C'est de la vraie semelle, votre bidoche!

Die Rechnung ist ja wohl der Gipfel!

L'addition (la douloureuse), elle est vraiment salée!
L'addition, c'est vraiment le comble! (le bouquet!)

Unter aller Kanone, eure »Spezialität des Hauses«!

☠ La «spécialité du chef» ... elle est vraiment dégueulasse!

Allein unterwegs.
Er fühlt sich angemacht

Was ist ein Urlaub ohne die schnelle Eroberung am Strand oder den heißen Flirt beim Abendessen? Meist endet das aber nicht wie im Märchen, und manche Urlaubsbekanntschaft verliert ihren Glanz, bevor zu Hause die Urlaubsfotos abgezogen sind.

Laber mich doch nicht in einer Tour voll!

Arrête, tu me saoûles avec ton baratin!

Heute siehst du aber fix und foxi aus!

T'es pas vraiment craquante aujourd'hui!

Du klebst an einem wie 'ne Klette!

Tu as fait ton apprentissage chez sécotine?!

Alte, du nervst echt!   Chérie, tu me les gonfles!

Kannst du nicht mal die Luft anhalten?   Tu peux pas la boucler une seconde?

Du gehst mir auf die Eier!   ☠ Tu me casses les couilles!
☠ Tu me les brises!

23

Allein unterwegs.
Sie wird angemacht

Die Reise, auf der frau unterwegs nicht angemacht wird, muß wohl noch erfunden werden. Auch bei strahlender Sonne, gekühlten Getränken und charmanten Komplimenten kann das der Einsamsten auf den Zeiger gehen.

Was bildest du dir bloß ein, du aufgeblasener Gockel!	Non mais, pour qui tu te prends espèce de malho! Non mais, regardez-le faire la roue, celui-là! Il se prend vraiment pour un paon!!
Nimm deine unegalen Pfoten da sofort weg!	Bas les pattes!!
Mach dich selten!	Dégage !/ Fous le camp! / Casse-toi!
Du bist ja noch feucht hinter den Ohren!	Regardez-moi ce môme, à peine sorti de l'oeuf!

Kehr bei mir bloß nicht den Macker raus!

Avec moi, t'as pas intérêt à jouer les durs!
Avec moi, t'as pas intérêt à rouler les mécaniques!

Deine Anmache kotzt mich echt an!

Ça me donne des boutons!
Tu me fais pousser des boutons!

Rundfahrt mit Pinkelpause.
Im Bus

Sehen wollt ihr was von der Gegend, und teuer soll es auch nicht sein. Ist es ja auch nicht, aber doch teuer erkauft.

Du hast wohl einen an der Waffel?

☠ Non mais, il est complètement fêlé, ce mec!
Ça va pas la tête?

Die Karre fällt bestimmt auseinander!

Ton tas de ferraille, il va bientôt tomber en poussière!

Wohl noch nie was vom »Dienst am Kunden« gehört?

Il paraîtrait que le client est roi – putain!
Il paraîtrait que le client est roi – ben mon vieux!

Mit dem Fahrer habe ich wohl das große Los gezogen?!

C'est bien ma veine! F'ai encore tiré le bon numéro avec le chauffeur!

Du fährst wie eine gesengte Sau!

Tu conduis comme un pied!
Ton permis, tu l'as trouvé dans une pochette surprise?! (Deinen Führerschein hast du wohl auf dem Jahrmarkt geschossen?)

Auf eigene Faust.
Die Autoverleiher

Euer Hotel liegt zu weit vom Strand weg, und eure Kinder bestehen darauf, jeden Tag alle Spielsachen mitzunehmen. Da bleibt euch nur der Autoverleih, und die Leute da wissen, wie unentbehrlich sie sind.

Sie wollen uns doch wohl nicht diese Rostschleuder unterjubeln?!

Vous n'avez quand-même pas l'intention de nous refiler ce tas de ferraille?!

Ihr habt aber gesalzene Preise!

C'est vraiment pas donné!
C'est un peu chérot!!
☠ Ça coûte la peau des fesses!

Ihr wollt uns Touristen wohl ausnehmen wie 'ne Weihnachtsgans?

Ici, vous prenez vraiment les touristes pour des pigeons?!

28

Man hat Sie als Kind sicher zu heiß gebadet!

☠ Mais, vous êtes complètement tombé sur la tête!

Von wegen Kratzer. Nun mach dir mal nicht ins Hemd!

☠ ☠ Des éraflures, mon cul! Commence pas à faire chier!
Ces éraflures, on va pas en faire tout un plat!!

Kultur tanken.
Das Museum am Ort

Was ist gutes deutsches Tourist, das braucht Kultur. Besonders in der Fremde. Davon habt ihr ganz genaue Vorstellungen. Wie froh seid ihr deshalb, daß euer Kaff auch mit einem solchen »Kulturinstitut« gesegnet ist.

Weiß deine Großmutter, daß ihr ganzer Plunder jetzt hier hängt?	Tu peux avertir ta grand-mère que toutes ces vieilleries sont accrochées ici!
Mickriges Kunstgewerbe. Damit können Sie doch keinen Hund mehr hinter dem Ofen hervorlocken!	C'est l'horreur! Ces trucs minables, ça n'intéresse plus personne!
Diese trüben Funzeln sollen wohl eure Spotlights sein?	Pas terrible vos spots. On n'y voit que dalle.

Burgen, Cremes und Liegestühle.
Am Strand

Der heimische Baggersee setzt den Standard, und alles, was sich in der Fremde »Strand« nennen darf, muß dagegen abfallen.

Ihr seid hier aber überhaupt nicht auf Zack!

Ça craint un max dans le coin (branché)!
Vous n'êtes pas du tout à la hauteur!

In dieser Kackbrühe kann man ja wohl unmöglich baden!

On ne va tout de même pas se baigner dans cette merde!

Was soll der Eiertanz um die blöde Liegestuhlmiete?

Quel cirque pour louer un malheureux transat!

Ist das hier die Müll- kippe oder der Strand?

C'est la décharge publique ou la plage ici?

Wollt ihr uns etwa für dumm verkaufen?

Vous nous prenez vraiment pour des cons / des blaireaux?

Die Nacht zum Tag machen.
In der Disco

Wenn ihr schon der Musik wegen nachts in eurem Hotel nicht zur Ruhe kommt, dann wollt ihr wenigstens auch einmal dabeisein. Aber wenn, wie schon befürchtet, die Musik sich auf dem kleinsten gemeinsamen Geschmacksnenner einpendelt, dann seid ihr auf einmal nicht mehr so sicher, ob eure Entscheidung richtig war.

Was ist denn das für ein Bumslokal hier?

Cette boîte, elle est complètement ringarde!! (branché)

Selten so öde Musik gehört!

Jamais entendu une musique aussi nulle! Pas vraiment planante, votre musique! (branché)

Mach bloß nicht so einen Aufstand wegen der Sperrstunde, du Spießer!

☠ ☠ Nous emmerde pas avec ton heure de fermeture, espèce de beauf'!

Hier ist heute abend aber total tote Hose!

☠ Qu'est-ce qu'on se fait chier ici, ce soir!

Dieser Labberkram soll Gin Tonic sein?

Vous voulez me faire croire que c'est du gin tonic, ce truc?

Souvenirs, Souvenirs.
__Beim Einkaufen__

Ansprüche haben die Zurückgebliebenen! Als ob sie nicht genug Tinnef zu Hause hätten, muß es trotzdem noch ein Mitbringsel von der Reise sein. Die Stange zollfreier Zigaretten zählt da nicht.

Von wegen reine Wolle. Wollen Sie mich für dumm verkaufen?	De la pure laine, ça?! De qui se moque–+–on ici?
Für den Fummel willst du mir auch noch Geld abknöpfen?	Il faudrait en plus payer pour ces chiffons?!
Können Sie Ihre Leute nicht mal 'n bißchen auf Trab bringen?	Vous pourriez pas vous grouiller un peu? Magnez-vous enfin un peu le popotin!
Diese Preise sind echt frech!	Question prix, vous manquez pas d'air! Vous vous mouchez pas du pied!

Was kostet der Scheiß bei euch?

☠ Ça coûte combien, cette saloperie?

Das gehört wohl auf den Sperrmüll und nicht hier in den Laden!

C'est une décharge publique ou un magasin?

Wehwehchen unterwegs.
Arztbesuch

Einer von euch hat sofort 'ne Sonnenallergie, und du kommst einfach nicht mit den fremdländischen Gewürzen zurecht. Was bleibt, ist, sich dem Quacksalber am Ort auszuliefern.

Sie spannen wohl gar nicht, was ich Ihnen da verklickern will?

Vous pigez rien à ce que je raconte!

Sie sind ein elendiger Kurpfuscher!

♀ Vous n'êtes qu'un pauvre charlatan!

Sie machen mich noch ganz krank!

Vous allez finis par me rendre malade!

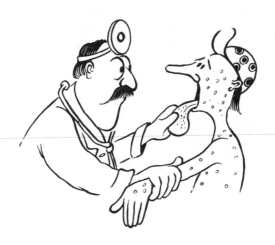

Aber hier ist doch alles entzündet. Haben Sie denn Tomaten auf den Augen?

☠ Mais regardez donc, là, c'est tout enflammé. Vous avez des peaux de sauss' sur les yeux, ou quoi? («avoir des peaux de saucisson [sauss'] sur les yeux» = »Wurstpelle auf den Augen haben«)

Keine Kohle an Bord.
Auf der Bank

Die große Entscheidung vor jeder Reise: Tausche ich zu Hause oder im Ausland? Meist läuft es auf ein »sowohl als auch« hinaus, weil mal wieder alles teurer geworden ist als im Vorjahr. Und prompt habt ihr eine Pflichtveranstaltung mehr auf eurem Programm.

Ich glaube, mein Glasauge hat 'nen Sprung!	J'en reviens pas! J'en crois pas mes yeux! Les bras m'en tombent!
Wieso Personalausweis? Sie sehen das alles ein bißchen zu eng!	Mes papiers? Ex puis quoi encore?! Vous en faites des histoires!!
Hier bei euch sind wohl nur Transusen beschäftigt?	☧ Quelle bande des nazes dans cette banque! On se la foule pas trop dans cette banque!

Schieb schon den Schotter rüber, alter Geizknochen!

☠☠ Aboule le fric, vieux radin!

Nun mal halblang. So was nennen Sie »guter Kurs«?

Minute. C'est pas un bon cours, ça!
Vous y allez un peu fort!
C'est ce que vous appelez un cours favorable??

Deine Freunde, deine Helfer.
Die Polizei

Die Staatsgewalt ist allgegenwärtig. Je heißer der Sommer, desto prächtiger ihre Uniform. Man kann ihnen alles mögliche vorwerfen, nur nicht, daß sie ein Herz für Touristen hätten.

Ist mir doch scheiß-egal, ob hier Parkverbot ist!

☠ Je m'en contrefous de votre interdiction de stationner!

☠ J'en ai rien à cirer de votre interdiction de stationner!

Dumm geboren und nichts dazugelernt!

☠ Quand on est con, on est con!

Ihr habt hier wohl alle 'ne Vollmeise?

☠ ☠ Vous avez tous une araignée au plafond, ou quoi?

Quatschen Sie mich nicht von der Seite an!

Ne me causez pas sur ce ton!
☠ ☠ Me faites pas chier avec vos salades!!

Ihr seid doch alles verkappte Faschisten!

☠ ☠ Tous de la graine de fachos!!

(Generell sollte der geneigte Leser Abstand davon nehmen, die französische Polizei oder Gendarmerie mit Schimpfworten einzudecken, sondern lieber kleine Brötchen backen und hinterher einen Pastis trinken. Der Urlaub könnte eine recht unerwünschte Wendung nehmen.)

Basisschimpfen
von
A(asgeier)
bis
Z(imtzicke)

Armleuchter	andouille / crétin / couillon / cloche
Aasgeier	vautour / requin
ätzend	chiant / débile / nul (branché)
Alte, die	mémée / vieille / mémère
Alte!	ma vieille!
Alte, der	vieux / pépé / vieux schnock / vieux débris
Alter!	vieux schnock! / vieux débris!
mein Alter!	mon vieux! / vieille branché
Angeber	frimeur / vantard / poseur / crâneur
Arschloch	con / connard / connasse
Arschficker	enculé / pédé / pédale

45

Arschkeks, verfluchter	espèce d'enfoiré
Das ist für'n Arsch	C'est foutu / C'est de la merde! / C'est pour des prunes!
Ich bin im Arsch	Je suis vidé / crevé / Je suis claqué/lessivé
Du hast den Arsch offen	T'es tombé sur la tête / T'es complètement con / Tu déconnes
Leck mich am Arsch!	Va te faire foutre! / Je t'emmerde!
jemanden aufgeilen	faire bander qn
sich aufgeilen	bander

breit sein	être noir / beurré / être rond / pété / jeté
Backpfeifengesicht	tête à gifles / tête à claques
beinhart	(rude)
sturer Bock	tête de cochon / tête de mule
geiler Bock	vieux cochon / un chaud lapin / obsédé
Bullenschwein	sal flic / poulet / vache / keufs (pl, branché)
bumsen	baiser / culbuter / sauter
Bumslokal	boui-boui / bastringue (alt)
Bruchbude	taudis / baraque / foutoir

Chaot   mec bordélique / pol: anar[1]

---

[1] anar = anarchiste ist im Frz. nicht abwertend, ebensowenig wie Chaot im Deutschen, wenn eine Person gemeint ist, die jegliche politische Ordnung ablehnt. »anar« ist daher als Schimpfwort ungeeignet.

Drecksack	salaud / salopard / dégueulasse / pourriture
Dösbaddel	imbécile / idiot
Drecknest	sal patelin / sal trou / sal bled
Dummkopf	imbécile / cornichon
dumme Nuß	cornichon / andouille / cloche /abruti(e)
dumme Pute	dinde / bécasse

Eier	couilles / valseuses
Esel	âne bâté / bourrique / cornichon

Fresse!	Ta gueule! / La ferme!
Fettarsch	gros cul
ficken	siehe: bumsen
Fick dich ins Knie!	Va te faire foutre!
Filzlaus	emmerdeur / crampon / pot de colle
Flasche	tocard / nouille / empoté
Flatter machen	se faire la belle / foutre le camp
Flegel	voyou / goujat / malotru (alt) / mufle
fressen	bouffer
Fummel	nippes / fringues / chiffons
Fusel	gnôle, tord-boyaux

blöde Gans	pouffiasse / connasse
geil (sex.)	craquant / bandant
geil (= sehr gut)	géant, super / giga (branché)
geiles Luder	allumeuse / coureuse
Gesöff	bibine (vin = piquette) / breuvage infecte
Giftzahn	garce / mégère / peau de vache / vache
Giftzwerg	râleur
Grufti	vioques / vieux / croulants (alt) / PPH*

---

* PPH: Passera pas l'hiver = wird den nächsten Winter nicht überleben

Hornochse	abruti / taré
Halsabschneider	truand / arnaqueur
Himmel, Arsch und Zwirn	Putain de bon Dieu de merde / Bordel de Dieu / Sacré nom de Dieu
hirnrissig (Person)	débile / fêlé du bocal (branché)
hirnrissig (Sachverh.)	débile
feiger Hund	lâche / lavette / couille-molle

Ich versteh nur Bahnhof	Je pige que dalle
Idiot!	Espèce d'idiot!

Käsequanten	panards / nougats / quarts de brie
kotzen	dégueuler / dégobiller / gerber (branché)
Korinthenkacker	enculeur de mouche / coupeur de cheveux en quatre
Kamel	nigaud / bêta
Kanaker	canaque ist in F die korrekte Bezeichnung für die Ureinwohner Neu-Kaledoniens und kein Schimpfwort! Als Schimpfwort für Südländer: métèque Araber: bicot / bougnoule / melon Schwarze: bronzé / négro
Klugscheißer	intello de service / pédant

Knacker	vieux con / vieux schnock
Knalltüte	poufiasse / connasse
Kotzbrocken	casse-couilles / engeance / emmerdeur
Kümmerling	gringalet / mauviette / demi-portion

Du Lusche!	Rigolo! / Savate! / Foutriquet! (alt)
labern	déblatérer / baratiner / sortir son boniment (alt)
Lahmarsch	patate / trainard / avachi
lahme Ente (Person)	patate / nouille / chiffe-molle
(Auto)	chignole / vieille tire
linken	arnaquer

Macker: (allgemein)	mec / type / cem (verlan) / mecton
mein Macker	mon mec, mon jules
(Anrede)	eh mec!
Halt's Maul!	La ferme! / Ta gueule!
miefen	schlinguer / cocotter / puer

Nutte	putain / pute
Nepp	arnaque
Nervensäge	emmerdeuse / casse-pieds

Pack	racaille
Pampe	bouillie
Penner	clodo / clochard
Piefke	bêcheur / m'as-tu-vu
Pisse	pisse
Verpiß dich!	Tire-toi! / Fous le camp! / Barre-toi! / Casse-toi!
Pißnelke	connasse / pisseuse
plattmachen	descendre qn / buter qn / zigouiller / faire la peau

Quacksalber	charlatan

reihern	siehe: kotzen
Reiß dich am Riemen!	C'est pas le moment de flancher vas pas craquer! / Te dégoufle pas!
rote Sau	coco (Kommunist) socialo (Sozialist) / stal (Stalinist)
Rotzfahne	tire-jus / kleenex (!!)
Rowdy	brute / blouson noir (alt) / loubard / hooligan
Rübe	tronche / trognon / caboche

fauler Sack	fainéant / cossard / bras cassé
schluffig	pantouflard
Schnarchsack	abruti / endormi
Du gehst mir auf den Sack!	Tu me casses les couilles! Tu me les casses!
Saftladen	souk / bordel
Sargnagel (antik)	clope / sèche (alt)
Sau	cochon / saligaud / salaud / salope (w) / salopard (m)
Saustall	porcherie
saufen	siffler / écluser / picoler / descendre

saumselig	doux rêveur / trainard
Scheiße	merde
Scheißspiel (auf Spiel bezogen)	quel jeu à la con / saloperie de jeu / y'a de l'arnaque dans l'air
(allgemein)	et puis, merde!!!
Schlampe	trainée / salope
Schmierentheater	farce
Schnepfe	cocotte / poule
Schwanz	bite / queue
Schweinepriester	gros dégueulasse
Sense!	Basta!
Siff / versifft	merde / merdique / . . . de merde / dégueulasse
Du spinnst wohl!	Tu déconnes pas un peu! Ça va pas la tête!
Stinkstiefel	emmerdeur / casse – pieds
Das stinkt mir!	Ça m'emmerde! / Ça me fait chier

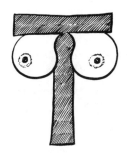

Titten	nibards / nichons / roberts
Transuse	nouille / manche / traine-savate
Trottel	abruti / imbécile
Tussi	nana / nénette / gonzesse / meuf (verlan/branché)

vögeln	baiser (cf. bumsen, ficken)
vergammeltes Loch	coin pourri / trou pourri
Vergiß es!	Laisse tomber! / Laisse béton! (verlan)

Waschlappen	lavette / mauviette / chiffe-molle / moule
Was geht hier ab?	(dir. Anrede) Qu'est-ce que vous foutez ici? (indir. Anrede) Qu'est-ce qui se passe?
wichsen	se branler / se faire reluire / se palucher
Alter Wichser!	Vieux branleur! / Vieux satyre!

fauler Zauber	balivernes / foutaises
Zieh Leine!	Fous le camp! / Mets les voiles! / Dégage!
Zimtzicke	pimbêche / pouffiasse

Für alle, die sich profunder mit der Kunst des Schimpfens auf französisch beschäftigen wollen, empfehlen wir folgende Bücher:
1. Robert Edouard: Nouveau dictionnaire des injures. Sand & Tchou. Editions Sand 1983
2. Pierre Guiraud: Les gros mots. Que sais-je 1597. PUF 1975
Für zusätzliche Kenntnisse im »branché« bzw. im »argot« und im unkonventionellen Französisch seien weiterhin empfohlen:
Pierre Merle: Dictionnaire du française branché. Point virgule V 68. Editions du seuil 1986 und 1989
Pierre Merle: Le blues de l'argot. Point virgule V 79. Editions du Seuil 1990
François Caradec: N'ayons pas peur des mots. Dictionnaire du français argotique et populaire. Larousse, Paris 1989
J. Cellard & A. Rey: Dictionnaire du Française non conventionnel. Hachette, Paris 1980